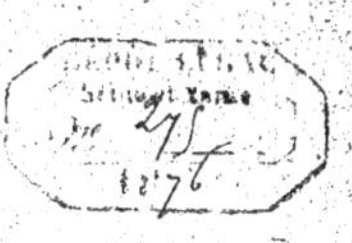

LE PREMIER DUEL DE PIERROT

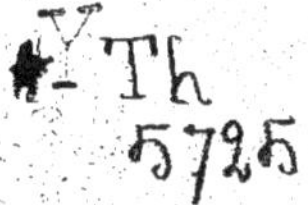

PREMIER DUEL

DE PIERROT

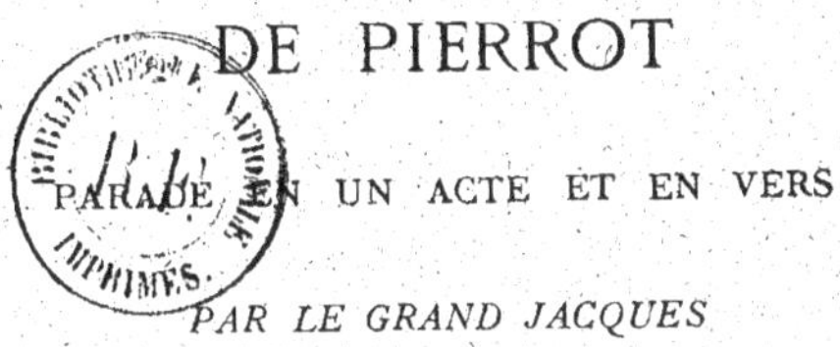

PARADE EN UN ACTE ET EN VERS

PAR LE GRAND JACQUES

Avec trois Eaux fortes de Henry Somm et de Courtois

PARIS

A LA LIBRAIRIE DE L'EAU-FORTE

2, RUE DE CHATEAUDUN, 2

DÉDICACE

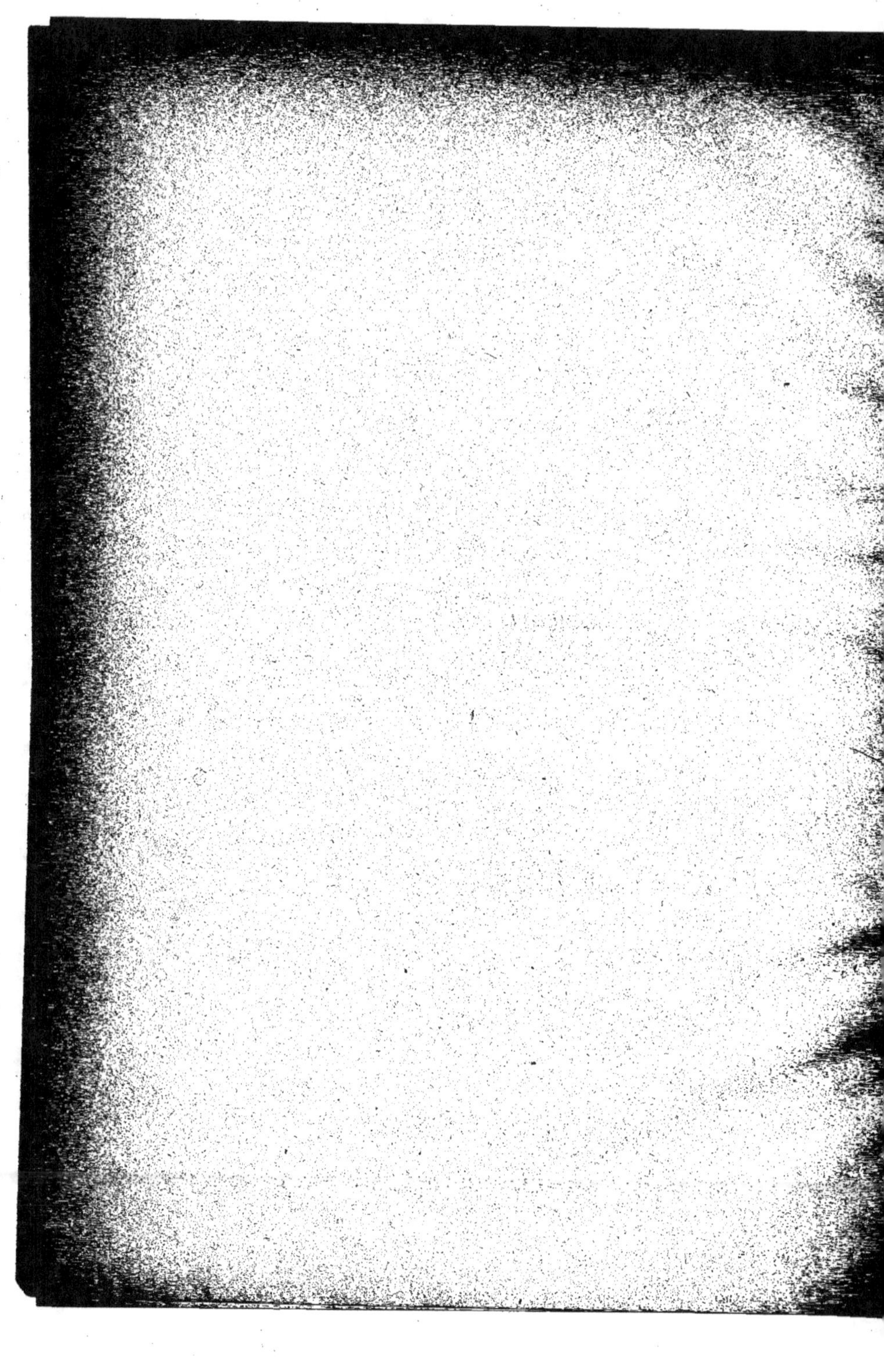

A MADAME COLOMBE, ARRIVANT D'AMÉRIQUE.

Elle vient de bien loin, de pays inconnus,
Dont peu de voyageurs soient jamais revenus,
Et pour nous le montrer par des choses parlantes,
Elle porte un bateau dans ses mains nonchalantes.

Elle attend, regrettant de n'être pas pieds nus,
Car un tout petit bras de mer, des plus menus,
Se glisse sur le sable, et dans sa marche lente,
Vient lui baiser l'orteil d'une façon galante.

A l'eau, le beau petit navire tout voilé!
Qu'il emporte un adieu pour l'amant exilé.....
— Un adieu, dites-vous? — Si l'on s'en effarouche,

Madame, et si quelqu'un pour ce mot prend la mouche,
Mon Pierrot, que la peur ne sut point asservir,
Me préfera le fer dont il va se servir.

L. G. J.

LUTGR COURTOIS
DELATRE IMP

LE PREMIER DUEL

DE PIERROT

PARADE EN UN ACTE

PERSONNAGES

PIERROT.
MEZZETIN.
SCARAMOUCHE.
ARLEQUIN.

AVIS AU PUBLIC

La scène est dans un bois, dans de vastes forêts,
Où Pierrot aux abois de la peur sent les traits.

Aussi blanc qu'une rave, et mis au pied du mur,
Pierrot s'éveille brave et pour la gloire est mûr.

En voyant son courage et ses rares souplesses,
Messieurs, de cet ouvrage excusez les faiblesses.

SCÈNE PREMIÈRE

PIERROT, MEZZETIN.

(Ils arrivent en continuant une conversation commencée. Mezzetin a des épées
sous le bras.)

MEZZETIN.

Pierrot, je suis fâché de te traiter de drôle,
Mais dans ce hourvari tu n'as pas le beau rôle.
Le hasard te protége en nous faisant amis,
Et je te sortirai du pas où tu t'es mis....
Je suis pourtant enclin à te croire un peu cuistre
Quand je vois que la peur teint ta pâleur en bistre...

PIERROT.

Tu soupçonnerais donc, Mezzetin, que j'aie peur?

MEZZETIN.

Tu trembles; ce n'est pas un indice trompeur,.....
Au reste, ces discours sont vains. Ton équipée
Ne peut se dénouer que par un coup d'épée.

PIERROT.

C'est ton opinion?

MEZZETIN.

Absolument. Allons!
Ne va pas t'aviser de tourner les talons!
Quand le vin est tiré, — il faut le boire.

PIERROT.

Ivrogne!...
(Songeant.) Ah! s'il ne s'agissait que de vin!...

MEZZETIN.

Pâle trogne,
Le sang n'est-il donc pas de la même couleur?

PIERROT (en confidence).

A ne te rien cacher, je manque de valeur.

MEZZETIN.

Et moi, mon cher Pierrot, s'il faut que je le dise,
Je ne m'explique pas ta sotte couardise.
Qui peut donc à ce point t'émouvoir, animal?

PIERROT.

Tout bonnement la peur qu'on me fasse du mal.

MEZZETIN.

Bagatelle. Tu n'as, à mes leçons, docile,
Qu'à suivre hardiment une règle facile :
Porte toujours des coups, et n'en reçois jamais!...—
Quoi de plus simple?

PIERROT.

Soit. Je te comprends bien; mais
Cette règle, qui vaut celle des participes,
Si mon ennemi m'en applique les principes?

MEZZETIN.

C'est là qu'est la saveur de la rencontre. Dis,
Qui consentirait à jouer au passe-dix,
S'il était assuré de toujours gagner? L'âme

Aux chances d'un combat se retrempe et s'enflamme!

PIERROT (*désillusionné*).

La mienne refroidit et je crois, Mezzetin,
Fâcheux pour la santé de sortir si matin ;
Je m'en vais!

MEZZETIN (*le retenant*).

Non. — Après tes grands éclats de gueule.
Après avoir traité de marouffe et de veule
Arlequin, — tu fuirais? On n'agit pas ainsi.

PIERROT.

Eh bien! Je lui ferai des excuses.

MEZZETIN.

Merci....
Tu me rendrais donc, moi qui jamais ne recule,
Le complice bouffon d'un éclat ridicule?
Pourquoi m'es-tu venu chercher à si grands pas?
Tu te dois à l'honneur.

PIERROT.

Je ne me paierai pas.

MEZZETIN.

Il est trop tard.

PIERROT.

Sentant une venette extrême,
Je voudrais tout au moins qu'Arlequin l'eût de même
Car s'il est brave et moi poltron, c'est abusif!

MEZZETIN.

Fais lui peur!... Tu parais au moment décisif;
Tu t'avances, l'œil fier, le front haut, l'arme droite...

PIERROT (*se montant la tête*).

J'arrive!...

MEZZETIN.

Tu te fends d'une manière adroite :
V'lan!

PIERROT (*inquiet*).

S'il résiste au lieu de se faire achever,
Je ne te réponds pas de ne pas me sauver.

MEZZETIN.

Nous verrons bien.

(*Arlequin et Scaramouche paraissent au fond.*)

Ce sont nos hommes ou je meure....

(*Aux arrivants*).

Messieurs, nous étions là depuis un grand quart d'heure ...

SCARAMOUCHE.

Ne nous en veuillez pas d'un retard imprévu :
D'un médecin j'ai cru prudent d'être pourvu,
Et nous l'avons laissé dans le fiacre.

PIERROT (*à part*).

Malpeste !
Je ne me sens pas bien.

SCARAMOUCHE (*à Mezzetin*)

Allons, Messieurs.... Au reste,
Cette affaire n'admet aucun arrangement,
Arlequin là-dessus m'a dit son sentiment.

MEZZETIN.

C'est notre avis ; veuillez mesurer les épées....

SCARAMOUCHE.

La place est bonne.

MEZZETIN.

Oui ; ces terres détrempées
Résistent sous le pied et n'ont rien de glissant :
Le ciel est clair et pur, sans être éblouissant ;
Pas de soleil. Ce duel est d'une mise en scène
Admirable....

SCARAMOUCHE.

En effet.

PIERROT.

La place n'est pas saine.

SCARAMOUCHE.

Arlequin, par ici !

MEZZETIN.

Pierrot, par là !... plus près.
(*Scaramouche et Mezzetin placent les adversaires et croisent les épées. Puis
ils s'éloignent.*)

SCARAMOUCHE.

Y sommes-nous ? Allons, Messieurs !

MEZZETIN.

Quand vous voudrez !

PIERROT (*se dérobant*).

Un instant !... J'ai deux mots à dire à mon collègue....

SCARAMOUCHE.

Faites, Monsieur.

(*Pierrot tire Mezzetin à part.*)

MEZZETIN.

Qu'as-tu ? parle donc !

PIERROT (*balbutiant*).

Je suis bègue!.,.
J'ai froid dans le dos!.., Tiens, tire-moi de souci :
Je ressens le besoin de m'éloigner d'ici...

MEZZETIN.

Fi! le vilain!...

PIERROT.

Eh non!... ce n'est pas cette envie...
Je n'ai d'autre besoin que de sauver ma vie.

MEZZETIN.

Très-bien. Tu vas changer de manière et de ton,
Ou je te fais céans mourir sous le bâton.
Tu sais que je me suis en cela fait connaître.

PIERROT (*à part*).

Il le ferait pourtant comme il le dit, le traître!
(*Haut.*) Voyons : si je t'offrais la rente d'un canon
— Par jour! — chez le marchand de vin...

MEZZETIN.

Je dirais non.

PIERROT (*violemment*).

Eh bien! tu vas me voir : Allons, Messieurs, en garde!

MEZZETIN.

Pourquoi crier si fort? C'est d'une âme couarde.

SCARAMOUCHE.

Nous voici.

PIERROT.

Je suis prêt!

(*On engage de nouveau les épées.*)

MEZZETIN.

Allez, allez, Messieurs...
(*Combat. Au premier dégagement, Pierrot se sauve*).

PIERROT.

Holà!

SCARAMOUCHE.

Quoi! vous fuyez, seigneur?

PIERROT.

Moi ? Terre et cieux !

Moi, fuir ? Non. Tout à coup, il m'est, à la pensée,
Venu le souvenir d'une chose pressée,
Et j'ai voulu le dire à Mezzetin, avant
Qu'il ne prit son essor comme une feuille au vent !...
Vous permettez ?

SCARAMOUCHE.

Comment ! nous vous cédons la place.

MEZZETIN.

Ne vous éloignez pas trop, Messieurs...

PIERROT. (à part).

Il me glace !

MEZZETIN (accompagnant les adversaires).

Excusez un retard qui sera le dernier.
Pierrot, probablement, voudrait me confier
Quelques avis touchant ses volontés suprêmes...
C'est un pressentiment qu'en des moments extrêmes
Peut ressentir, hélas ! le cœur le plus parfait.

(Scaramouche et Arlequin s'éloignent.)

PIERROT.

Mezzetin, mon ami, s'en vont-ils tout à fait ?

(Mezzetin le prend à part.)

MEZZETIN.

Ça, pour mieux opérer, donne-moi ton épée...

PIERROT.

Elle est de mes sueurs encor toute trempée !

MEZZETIN.

J'ai voulu, par décence, étant fort délicat,
Que la chose entre nous doucement s'expliquât...
Allons...

(Il le roue de coups.)

PIERROT (criant).

Aye de moi ! Quel bourreau ! Quelle étreinte !

Je me meurs !... Mezzetin ! que fais-tu ?

MEZZETIN.

Je t'éreinte.

Et si tu fais défense ou clameur de haro,
Ta gorge à mon poignard servira de fourreau.

PIERROT.

Mais je suis mort des deux côtés!...

MEZZETIN.

Oui, c'est tout comme :
Tu peux choisir pourtant de mourir en brave homme.

PIERROT.

Je le veux, Mezzetin!

MEZZETIN.

Oui, mais vois bien mes yeux :
Si tu fais un seul pas traître ou fallacieux,
Ce n'est plus un bâton, Pierrot, c'est cette lame
Qui te rouera le corps pour en extraire l'âme,
Ton sort est dans tes mains : le duel ou le trépas ;
Et tu sais qu'avec moi l'on ne plaisante pas.

PIERROT (*prenant une belle résolution*).

C'est bon ; rappelle-les ; finissons-en de suite.

(*Mezzetin se dirige vers Arlequin et Scaramouche qu'il ramène.*)

PIERROT (*le regardant aller*).

Il me rattraperait, si je prenais la fuite...

(*Arlequin et Scaramouche rentrent.*)

MEZZETIN.

Messieurs, de vos bontés nous sommes en souci,
Et c'est plaisir d'avoir affaire à vous.

SCARAMOUCHE.

Merci.

MEZZETIN.

Voulez-vous reprendre?

SCARAMOUCHE.

Oui, terminons cette affaire.
Arlequin! (*Il le place.*)

MEZZETIN (*plaçant Pierrot*).

Ça! tu sais ce qu'il te reste à faire.
(*Aux adversaires.*) Allez!... Bien!...

(*Le combat s'engage.*)

PIERROT (*fort ému, s'escrimant*).

Mezzetin !...

MEZZETIN.

Je suis là... Ne romps pas !

PIERROT (*de même*).

Quoi ! c'est aussi facile ?...

MEZZETIN.

Avance encor d'un pas !

PIERROT (*fondant sur Arlequin*).

Voilà !

ARLEQUIN (*tombant*).

Je suis blessé !

PIERROT (*chancelant*).

Mon Dieu ! quelle aventure !

SCARAMOUCHE (*penché sur Arlequin*).

Bon l'épée a glissé ; c'est une égratignure...

PIERROT.

Mezzetin ! je me sens tout enthousiasmé :
Je suis donc brave, moi ?

SCARAMOUCHE (*s'avançant, à Pierrot*).

Monsieur, je suis charmé
De pouvoir proclamer votre chevalerie,
Dont j'avais eu le tort de douter.

PIERROT (*enchanté*).

Je vous prie !
Ménagez-moi, Monsieur. (*A Mezzetin.*) Ami, je suis vainqueur,
Mais tes coups de bâton me restent sur le cœur.

MEZZETIN.

Bah ! D'un trop beau succès la leçon est suivie :
Je t'ai fait brave pour le reste de ta vie.....

MEAUX. — IMPRIMERIE A. COCHET.